I0816390

De niños, pianos y un grillito

El papel utilizado para la impresión de este libro ha sido fabricado a partir de madera procedente de bosques y plantaciones gestionadas con los más altos estándares ambientales, garantizando una explotación de los recursos sostenible con el medio ambiente y beneficiosa para las personas.

De niños, pianos y un grillito
El pequeño Gabilondo

Primera edición: mayo, 2024

ISBN: 978-607-384-549-6

Impreso en México – *Printed in Mexico*

Mario Iván Martínez

De niños, pianos y un grillito

El pequeño Gabilondo

Ilustrado por Juan Gedovius

ALFAGUARA

Lo que aquí encontrarás es parte de los ensueños de un niño igual a todos los niños. Por mi gusto aún sería pequeño, pues no he perdido la afición por los juegos y por los cuentos, pero un hechicero llamado Cronos me encantó y me volvió señor. Sin embargo, hoy me acompañan miles de chiquitines al compás de la música de mi corazón.

Francisco Gabilondo Soler

Las aguas alegres

Ese día luminoso de verano, Pancho Gabilondo no había ido a la escuela, pero no por ser un niño sin talento o curiosidad, pues de eso tenía de sobra. No era rebelde ni perezoso, simplemente el colegio le aburría... quería navegar solito por los mares del conocimiento. Pancho era un niño muy blanco y alto para su edad, de grandes ojos azules que había heredado de la familia de su madre, Emilia Soler, hija de catalán y malagueña, una mujer de finos rasgos, pero de carácter un tanto frío y distante. Su padre, Tiburcio Gabilondo Goya, era de origen vasco.

Pancho llevaba bajo el brazo un libro de aventuras titulado *Sandokán, el Tigre de Malasia*, del autor Emilio Salgari. Tenía la intención de leerlo bajo el frondoso guayabo que crecía en el campo detrás del famoso Palacio de Hierro, que habían traído años atrás desde Europa a su ciudad natal de Orizaba, en el estado de Veracruz, lugar donde abre nuestra historia en las primeras décadas del siglo XX.

¿Sabías que...

el Palacio de Hierro de Orizaba **es el único palacio totalmente metálico en el mundo**? Fue comisionado en 1891 a constructores belgas. Cuando visites esa importante ciudad del estado de Veracruz, no dejes de conocerlo: ¡es una obra de arte de la construcción y del ingenio! Con cuánta razón fascinó a Pancho. Hoy alberga cinco interesantes museos, entre los que destacan el Museo de la Cuna del Futbol, el Museo de las Raíces de Orizaba y el Planetario Rodolfo Neri Vela. Presta particular atención al reloj que adorna la fachada del edificio, pues al marcar la hora el mecanismo toca una melodía escrita por el mismísimo Francisco Gabilondo Soler, Cri-Cri, héroe de nuestra historia.

Al ser un lugar abrazado por montañas y recibir lluvia constantemente, a Orizaba la bautizaron como *Pluviosilla* o *La ciudad de las aguas alegres*. A Pancho le gustaba mucho eso de "las aguas alegres", porque pensaba que el apodo le quedaba bien a su ciudad. Bajo las faldas del famoso Cerro del Borrego descubrió la inagotable imaginación de Julio Verne y al cuentista de todos los cuentistas, Hans Christian Andersen, autor de *El patito feo*, *El soldadito de plomo* y muchas otras fantasías.

El niño se encontraba absorto en el capítulo en el que Sandokán debe luchar contra los hombres del rajá blanco de Sarawak cuando, de pronto, acompañada de un guayabazo en la cabeza, una voz chillona lo sacó de su ensueño:

—¡Despierta, Sandokán!

Era su amigo, el travieso Chucho Castillo, quien lo observaba desde lo alto del guayabo colgado como mono. Al darse cuenta de que por casualidad ambos se habían ido de pinta, los dos amigos rieron a carcajadas, comieron guayabas y se turnaron para leer en voz alta las aventuras de Sandokán. Luego fueron a echarse un chapuzón en la laguna de Ojo de Agua.

—Cuando sea grande, ¡seré campeón de nado! —presumía Panchito a Chucho mientras se lanzaba en cueros al agua.

—Pero, Pancho —dijo Chucho, burlón—, de grande también quieres ser ranchero, buzo, astrónomo, navegante, viajero, boxeador, músico... ¡Uf, ya me cansé nomás de pensarlo!

—Así es, amigo. ¡Quién fuera gato para tener por lo menos siete vidas! —gritaba Pancho jubiloso, mientras salpicaba amistosamente a su amigo.

—Oye, Chucho —continuó Gabilondo—, ¿conoces la leyenda de esta laguna?

—No —admitió el otro.

—¿Ves esa piedra en medio del agua? —contó Pancho—. Dicen que cada Día de San Juan, una sirena se sube a cantar sobre ella.

—¡Changos! —replicó Chucho abriendo enormemente los ojos, enmarcados por sus mojadas pestañas negras.

—Si la llegas a ver debes llevarla hasta la orilla sin voltear hacia atrás, pues si la miras se convertirá en un monstruo repugnante —explicó el pequeño Gabilondo.

—Pancho, ¿no será la maestra que tuvimos en el kínder y que duerme aquí en la laguna? —bromeó Chucho.

—Dicen también que si logras llevarla hasta la orilla se convierte en una bella princesa que te hará cosquillas en los pies. ¿Qué tal?

La historia da para escribir un cuento ¿no crees, Chuchín? —terminó Pancho con la voz más grave que sus jóvenes cuerdas permitían.

Al atardecer los dos amigos se tiraron sobre el pasto a observar las estrellas. Pancho le señaló a Chucho dónde se encontraba Marte, el cual, en esa época del año, brillaba con particular intensidad. Gabilondo volteaba siempre hacia los cielos porque le hacían sentir que pertenecía a algo mucho más grande de lo que podía imaginar.

De pronto, el canto de un grillo se escuchó particularmente cercano. Era un sonido único, muy distinto a la algarabía de las chicharras que rodeaban la laguna por encima de los copetes de las milpas. Ese grillo solitario parecía estar muy cerca de ellos y querer arropar con su música las historias de Panchito. Cantaba entre las frases que contaba el niño y parecía decir: "Sigue, chiquito, sigue. Te escucho y toco para ti".

Estaban por hablar de los anillos de Saturno y de sus más de cincuenta lunas cuando de pronto apareció mamá Emilia.

—Pancho, ¡por fin te encuentro! ¿Qué haces aquí? —gritó la dama—. Otra vez de pinta, ¿verdad? Sal de ahí y vístete en el acto. ¡A la casa, chamaco de porra!

Los sueños de grandeza, el misterio de las galaxias y las leyendas de sirenas desaparecieron con la nalgada que su madre le propinó, la cual, al estar mojado y encuerado, le dolió más que de costumbre. Por si las dudas, Chucho se zambulló de nuevo en el agua para que, de paso, no le fuera a tocar un castigo similar.

El pequeño grillo solista, intimidado, guardó silencio entre las matas.

De libros, mermelada y lagrimitas

Cuando doña Emilia y su hijo retornaron a casa, Eva, la pequeña hermana de Pancho, los esperaba en la puerta. La niña cargaba su muñeca de trapo favorita del único bracito que le quedaba, pues el otro se lo había comido Merlín, el perro de la casa.

—Siéntate a hacer tu tarea de francés, Pancho —ordenó mamá Emilia—. Te llamaremos en cuanto esté lista la cena.

Pancho obedeció a su madre y tomó asiento bajo el enorme reloj de péndulo de la sala. Su hermana se sentó con él, colocando su muñeca sobre la mesa. El niño notó que el aserrín se filtraba por diversas partes de la muñeca de su hermana, desparramándose lentamente sobre la superficie.

Evita lo miraba con una pícara sonrisa.

—¡Ay, Dios! Otra vez de pinta, Panchito, ¿qué vamos a hacer contigo? Por favor, dime, ¿qué vamos a hacer? —recitaba Evita burlona, imitando las quejas de su madre.

Los hermanos compartieron una cómplice carcajada, silenciada cuando la voz de su madre los llamó al comedor para la cena. Pancho siguió a su hermana con su libro bajo el brazo, poco dispuesto a separarse de él.

Sentada a la mesa, Evita comenzó su merienda. Con una mano sostenía su juguete y con la otra daba pequeñas mordidas a una concha rellena de nata con cajeta, acompañada de un enorme vaso de leche, el cual apenas podía sujetar su manita blanca y rechoncha. La pequeña nariz rosada de la niña estaba cubierta de azúcar.

En eso, papá Tiburcio entró a la habitación.

—Entiendo que andabas perdido otra vez, Pancho —suspiró el padre mientras se quitaba el bombín.

El niño guardó silencio y papá fijó la mirada en el libro de Salgari, que descansaba al lado del plato de Pancho.

—¿Te diviertes con las aventuras de Sandokán?

—¡Mucho, papá! —respondió Pancho mientras se le iluminaba súbitamente la mirada.

—¿En qué capítulo vas? Cuéntame —rogó el padre.

—Ahora voy donde los británicos le quitaron su trono y Sandokán ha decidido convertirse en pirata bajo el nombre de "El Tigre de Malasia" —dijo Panchito.

Don Tiburcio sacudió el cabello de Pancho y se sentó a su lado a escuchar la reseña de su pequeño soñador. Le fascinaba ver cómo su hijo recreaba las historias porque era como si las hubiese vivido en carne propia, así que le obsequió *Cinco semanas en globo*, un libro de fantásticas historias escritas por el genial autor francés Julio Verne, mientras doña Emilia los miraba seriamente y de reojo desde la cocina.

—Ya que te encantan las aventuras, en este libro seguirás al sabio explorador Ferguson por el continente africano. Lo hace viajando en un globo con sus amigos: con la ayuda de un dispositivo, suben y bajan el globo a voluntad. Mi aventura preferida es aquella del elefante remolcador —afirmó papá.

—¿Un elefante remolcador? ¡Suena increíble! —exclamó Panchito.

—Lo es, hijo. Cuando termines este libro te regalaré más historias de ese autor, ¿te parece?

—Gracias, papá —agradeció Pancho—. Ya quiero leerlas.

Mamá Emilia, desde la cocina, exclamó:

—Pero, Tiburcio, ¡no lo puedo creer! En lugar de castigar a Pancho, ¡le regalas más cosas! ¿Qué hay de la escuela? A este paso no acabará nunca la primaria.

—Paciencia, mujer —respondió papá—. No es un niño flojo. Ya asistirá, ¿verdad, Sandokán?

Panchito guardó silencio y asintió levemente.

—No va a ir, no va a ir... —intervino Evita burlona, con un enorme bigote de leche sobre los labios y el último pedazo de concha en la boca.

—Usted y yo tenemos mucho que hablar esta noche, señor Gabilondo —sentenció la madre—. Y tú, Eva, te manchaste todo el cuello de cajeta. Termina ya de cenar, sube a la cama y deja en paz a esa muñeca horrenda. ¿No ves que anda regando aserrín? Déjala aquí en la mesa. No la sigas paseando por toda la casa.

—Pero no puedo dormir sin ella, mami —protestó la niña.

—Mira, hijita, tengo una idea: cuando papi le regale otro libro a Pancho, te comprará a ti una nueva muñeca. ¿No es verdad, papá? —exclamó sarcástica la madre, mirando fijamente a su marido.

—Claro, así será —afirmó don Tiburcio, acariciando la mejilla de su hija y, de paso, embarrándose también de cajeta.

—Pues ya está. Llévesela a dormir, Camerina —ordenó la madre a la nana, quien de inmediato tomó a Evita de la mano y la encaminó a su habitación.

En todo el trayecto la niña no quitó la mirada de su muñeca rota, abandonada sobre la mesa del comedor.

Esa noche a Pancho le costó trabajo conciliar el sueño, pues sus padres discutieron hasta altas horas de la madrugada y eso lo puso triste. En vano hundía la cabeza entre las almohadas para no escucharlos.

Repentinamente, en algún rincón de su cuarto, comenzó a cantar un grillo. Hacía música con la misma cadencia de aquel otro que lo había acompañado en la laguna. ¿Acaso era el mismo? No podía ser posible, pero Pancho quiso pensar que sí, que aquel grillito generoso había regresado para llevarle al sueño y hacerle olvidar que sus padres tenían desencuentros.

Poco a poco, el niño se quedó dormido, acompañado por la música de aquel insecto, amigo de las sombras. Por los sueños de Pancho no cruzaron las aventuras de "El Tigre de Malasia": soñó en su lugar con la pobre muñeca de su hermana. La imaginó en algún rincón de la casa llorando lagrimitas de aserrín, consolada por una araña y el más gentil de los ratones.

¿Sabías que...

el poeta francés Julio Verne (1828-1905) fue uno de los más importantes autores de ciencia ficción? Su serie de libros de viajes extraordinarios nos presenta aventuras de carácter visionario, es decir, adelantadas a su tiempo. Verne vuelve creíble lo increíble.

Se cuenta que con tan sólo once años, el joven Julio huyó de su hogar y se subió a un barco con la intención de conocer la India y comprar un collar de perlas exóticas para su novia. No obstante, su padre descubrió sus intenciones y lo bajó del navío. Ante la imposibilidad de viajar por el mundo, el muchacho decidió escribir historias de aventuras inspiradas en las anécdotas del esposo de su maestra, quien era marinero.

Verne pasaba horas interminables en las bibliotecas, como si quisiera devorar todo el conocimiento de un jalón. ¡Qué parecidos fueron sin duda el gran Verne y nuestro curioso Pancho en su inagotable sed de conocimiento!, ¿no crees?

Entre las obras más destacadas de Julio Verne se encuentran *De la Tierra a la Luna*, *Veinte mil leguas de viaje submarino*, *La isla misteriosa* y *Cinco semanas en globo*. **Busca los libros de Julio Verne; de seguro te fascinarán tanto como al pequeño Gabilondo**.

La separación

Tiempo después, Pancho no se sorprendió cuando don Tiburcio le dejó caer la noticia: papá y mamá habían decidido separarse.

—Empaca tus cosas, Pancho. Mañana se van conmigo a la Ciudad de México —ordenó mamá.

—¿Puedo ir a despedirme de Chucho, madre? —solicitó el niño con voz entrecortada.

—En cuanto tengas todo listo, puedes ir —accedió mamá Emilia con un inusual rostro sereno.

Evita y el pequeño Pancho empacaron sus pertenencias, asistidos en silencio por la nana Camerina. El pequeño se dio cuenta de que en los ojos de su nana se asomaba una lágrima.

Al concluir con la tarea, Pancho salió deprisa en busca de su amigo. Ese día era jueves y la orquesta de la ciudad ensayaba en el majestuoso Teatro Ignacio de la Llave, ubicado en la calle de Colón, en el centro de Orizaba. Chucho acostumbraba sentarse entre las imponentes columnas de la entrada a escuchar la música.

Gabilondo reconoció a su amigo desde lejos.

—Llegas justo a tiempo, güero. Están a punto de tocar la Danza del Gallito, mi favorita —declaró Chucho emocionado, sosteniendo en una mano una ramita seca y en la otra un pequeño tambor con el cual se disponía a acompañar a la orquesta desde afuera.

—¿No te dicen nada por estar tanto tiempo aquí, mi Chucho? —preguntó Pancho.

—¡Naranjas! —respondió su amigo—. Don Lupe, el portero, ya me conoce, le caigo bien. Me convida tamalitos y me cuenta historias de miedo sobre el teatro. Dice que por la noche el fantasma del general De la Llave le viene a jalar las patas y a exigir que le regresen unas monedas de oro que dizque le robaron cuando se murió. Cuenta también que...

—Chuchín —interrumpió Pancho—, perdona, pero tengo mucha prisa. Vengo a decirte que mis papás se separan.

—¿Qué? —exclamó Chucho, asombrado.

—Hoy nos lleva mi mamá a vivir a la Ciudad de México —continuó Gabilondo con voz entrecortada—. Sólo vine a despedirme.

Se hizo un largo silencio. Chucho se sentó al lado de su amigo y lo abrazó diciendo:

—Te voy a extrañar, Gabilondo, porque, recuerda, "quien tiene un amigo..."

—"... ¡tiene un tesoro!"—completó Pancho la frase, emocionado.

En esos momentos la orquesta retomó el ensayo. ¡No podía ser posible! Se trataba del vals *Adiós,* del compositor mexicano Melesio Morales. Los dos amigos soltaron una carcajada ante la coincidencia.

Pancho vio a su nana Camerina que venía corriendo sudorosa; las palomas levantaban el vuelo a su paso. Se acercaba de prisa, con la cofia chueca, alzándose las enaguas para no manchar el encaje de sus fondos almidonados. Seguramente mamá Emilia la había enviado para apurar al niño.

—Regresaré, mi Chucho. Haremos música y contaremos estrellas — se despidió Pancho, conmovido—. Nos volveremos a ver.

—¡Claro, Gabilondo! —afirmó Chucho—. Suerte por allá. No dejes de escribirme, güerejo deslavado, o ya verás.

Pancho le dio la mano a su amigo con firmeza y echó a correr al encuentro de su nana. Poco a poco la imagen de Chucho, de pie en el pórtico del teatro dirigiendo la orquesta con la ramita, fue desapareciendo de su vista.

¿Sabías que...

a la par de su carrera como compositor, Gabilondo Soler, siempre enamorado de las estrellas, cultivó su gusto por la astronomía para estudiar los cielos? Ingresó a la Sociedad Astronómica de México y mandó construir un observatorio en el poblado de Tultepec, al norte de la capital mexicana. **¡Prueba observar las estrellas con tus padres o amigos, tal como lo hizo Gabilondo!** Nuestro país cuenta con una gran cantidad de espacios naturales donde la luz eléctrica no opaca la bóveda celeste y las estrellas se disfrutan en todo su esplendor.

Hay muchos lugares que permiten visitas guiadas con cita, como, por ejemplo, el Centro Astronómico Clavius de la Universidad Iberoamericana en la Ciudad de México, el Observatorio San Pedro Mártir en Baja California Norte y el Observatorio Astrofísico Guillermo Haro, en el estado de Sonora. Destacan el Parque Nacional Pico de Orizaba en Veracruz, el Área Natural Protegida de Yum-Balam en Holbox, al norte de Quintana Roo y el Parque Nacional El Chico, en el estado de Hidalgo.

El Williams

El camino a la Ciudad de México fue largo, aunque no incómodo. Pancho, Evita, mamá Emilia y la nana Camerina viajaron en el servicio de lujo llamado El Jarocho, un tren de pasajeros con dormitorios y comedor. Todos se quedaron dormidos al caer la noche, arrullados por el vaivén del tren, y a la mañana siguiente despertaron en su destino. A Pancho le impresionaron el bullicio, los altos edificios y los nuevos automóviles que transitaban entre carretas y diligencias, espantando a los caballos con sus humos y cornetas.

Pancho fue pronto inscrito en el prestigioso Colegio Williams.

—Es hora de volver a la escuela, Pancho —informó la madre—. Serás medio-interno, lo que significa que comerás en el colegio y tendrás clases hasta las seis de la tarde. Yo misma pasaré por ti a esa hora.

El primer día de clases Pancho se dedicó a observar con detenimiento a sus nuevos compañeros. Primero miró a cinco hermanitos de cabello relamido que llegaron muy juntos y muy serios a la puerta del colegio y luego, alzando los pies, se separaron desfilando cada uno a su salón al compás de algún tambor que únicamente ellos escuchaban. Ya en medio de la clase, un chamaco despeinado entró, tarde y sudoroso, con una gran cantidad de libros maltratados que se le caían una y otra vez. Cargaba con tanto que se veía obligado a llevar en la boca ¡una goma de borrar!

A Pancho le impresionó también un compañerito de dientes muy disparejos y filosos colmillos, a quien le habían colocado extraños alambres en la dentadura para corregir su alineación. Cuando aquel niño sonreía, Gabilondo recordaba la boca de los pequeños tiburones que alguna vez vio en el puerto de Veracruz. Otro alumno del Williams, alto y de nariz aguileña, miraba con desprecio a los demás mientras se acomodaba con cuidado el amplio moño que llevaba al cuello. Antes de sentarse, limpiaba su asiento con un pañuelo que tenía bordadas sus iniciales. A Pancho se le figuraba que en cualquier momento ese presumido compañero desplegaría ¡una enorme cola de pavo real!

Gabilondo no la pasó mal en el colegio Williams, pero extrañaba mucho su vida en Orizaba, sobre todo las aventuras y sueños compartidos con su simpático amigo Chucho Castillo.

Una tarde, al salir de la escuela, todos los compañeros de Pancho fueron recogidos por sus padres, menos él.

—¿Te llevamos, Francisco? —le preguntó el padre del niño pavorreal, al ver que Gabilondo estaba por quedarse solo frente al portón del colegio.

—No, gracias, señor. Mi mamá ya no debe tardar —respondió el niño.

—¿Otra vez se olvidaron de ti? —se burló el soberbio compañerito desde el interior del lujoso automóvil.

Pancho guardó silencio mientras el auto emprendía la marcha y el humo de su escape lo cubría de gases malolientes. En efecto, ésa no era la primera vez que mamá Emilia olvidaba pasar por él a la escuela.

La tarde avanzaba y se veían grises nubarrones en el horizonte. De pronto comenzó a llover, y Pancho se refugió debajo del toldo de la entrada del colegio, en cuyo frente había campo abierto y hasta milpas.

En eso, Gabilondo descubrió un conejito, tan blanco como la nieve, refugiado en su madriguera. Parecía el reflejo del niño: estaba acurrucado en su escondite, masticando unas hojas tristes mientras esperaba a que terminara la lluvia.

Pancho lo observó hasta que, después de un rato, el chubasco cesó y el sol salió de nuevo, animado por la graciosa curva del arcoíris. El conejo blanco abandonó su madriguera, miró a Pancho por un instante y se internó entre las matas. Gabilondo alcanzó a ver cómo su colita blanca, cual fina borla de algodón, se perdía entre los maizales, ahora refrescados por la lluvia.

En eso, el niño escuchó un canto familiar... ¡era él! ¡Era su grillo, quien aún en la capital venía a acompañarlo! Parecía insistirle que caminara, que no se quedara quieto.

El insecto cantarín y el brillante sol de aquella tarde fresca lo impulsaron a obedecer. Resuelto, Gabilondo preguntó cómo llegar a la estación del tren: debía regresar a Orizaba, con papá.

¿Sabías que...

el primer ferrocarril utilizaba caballos para moverse sobre los rieles? Años más tarde se inventó la locomotora, que se valía del impulso del vapor para avanzar a una velocidad nunca antes conocida, lo que cambió radicalmente al mundo.

En nuestro país una ruta ferroviaria importante fue la que conectaba al Puerto de Veracruz con la Ciudad de México y, por mucho tiempo, este trayecto fue uno de los más transitados. Más adelante se limitó el uso del ferrocarril para pasajeros, y se dio prioridad al transporte de mercancías.

En México, hoy en día sólo existen tres rutas para tren de pasajeros, que **se han rehabilitado con un enfoque turístico para revivir una experiencia perdida:** el Chepe, que va de Chihuahua a Los Mochis (uno de los paseos más impresionantes del mundo); el Tequila Express, de Guadalajara a Tequila; y el Tren Turístico Tijuana-Tecate. En varias estaciones, los pasajeros pueden visitar los atractivos de cada poblado.

Se inauguró la ruta del Tren Maya, que pasará por Chiapas, Tabasco, Campeche, Yucatán y Quintana Roo, y se pretende también retomar la llamada Ruta de Cortés, que conectará al Puerto de Veracruz con la capital, justo como lo hacía El Jarocho.

Considera realizar un viaje de placer en tren con tus padres durante tus próximas vacaciones. Sería muy original y divertido, ¿no crees?

De trenes, cotorros y cocadas

Pancho llegó sudoroso y cansado a la estación de Buenavista, en la Ciudad de México. Había logrado avanzar gran parte del trayecto desde la escuela sentado entre huacales de sandías en la carreta de un arriero que se ofreció a acercarlo.

En la estación, el niño corrió hacia el andén donde El Jarocho estaba a punto de partir.

—¡Todos a bordo! —gritó un oficial de blanca barba y retorcido bigote.

Gabilondo notó que una familia muy elegante se disponía a subir al vagón, y el niño se pegó a ella. Mientras los adultos lidiaban con el portero que subía las maletas, Pancho descubrió detrás de ellos a una bellísima niña de bucles rubios y con un gran moño blanco en la cabeza, que comía una enorme cocada con deleite.

—¿Me das? —suplicó el hambriento Gabilondo, venciendo su pena.

—No, no, no —contestó la pequeña, chupándose la miel de los dedos con una vocecilla chocante y nasal.

—Anda, no he comido nada —insistió Gabilondo con la quijada descompuesta por el antojo—. Dame un pedacito, lo que ya no quieras, y te cuento la historia de Alicia en el reino de las flores.

—¡Ay, no, gracias! Ésa ya me la sé de memoria —dijo la nenita, engullendo el último pedazo de cocada. Luego, cual camaleón, extendió hacia Pancho su lengua larga y pintada, emitiendo un sonoro "¡Aaah!".

Todos subieron al tren. Sentado frente a la familia a la que se había unido el pequeño polizón estaba un refinado anciano, que leía un libro finamente encuadernado cuya portada decía *La vida de Galileo Galilei*. Panchito se sentó junto a él y de reojo intentó leer el texto. Muy pronto el hombre se dio cuenta de ello y musitó:

—¿Te interesa, chamaco?

—Mucho, señor. Usted perdone —respondió Gabilondo.

—¡Qué bien! ¿Tú sabes quién fue Galileo? —preguntó el caballero.

—¡Claro, he leído sobre él! Fue astrónomo e inventor... italiano, creo.

—Así es, niño, ¡bravo! —celebró el anciano, bajando sus anteojos sobre la nariz.

Pancho continuó:

—Galileo inventó un telescopio para poder ver de cerca las estrellas y nos enseñó que la Tierra gira alrededor del sol.

—Ciertamente, ¡y mira que se metió en cada lío por andar pregonando esas ideas en ese entonces! —meditó el hombre.

—Cuando sea grande tendré mi propio telescopio, como Galileo —le informó Gabilondo con los ojos brillantes de ilusión.

Durante la plática, la chocante niña de la cocada los miraba como si estuviesen hablando en chino.

—¡Qué interesante todo lo que le cuenta su nieto, *monsieur*! —interrumpió la madre de la niña.

—¿Mi nieto? Pero si él no es mi... —exclamó el viejo, antes de ser interrumpido por la señora.

—*C'est vrai, mon ami.* Debemos adquirir mucho conocimiento, y qué mejor que hacerlo en París, *tu ne crois pas?* ¡Déjate la nariz en paz, niña! Y siéntate bien, corazón mío.

La elegante dama imprimía cada vez mayor velocidad a sus oraciones.

—Hoy partimos de este atrasado lugar, *monsieur. Ce pays est terrible!* Nos embarcamos hacia la bella Francia. ¡Ah, Francia! *La lumière de la ville, la Tour Eiffel, Maxim's...*

—Lo celebro —musitó el caballero, aprovechando una pausa que la señora hizo para tomar aire —, pero yo le decía que está usted confundida, este niño no es mi...

—En Francia, nuestra hija Cloé Céline Jolie podrá perfeccionar su francés —prosiguió la mujer, sin percatarse de la interrupción—, y Dios mediante, encontrará un buen partido, *tu ne crois pas?* Por otro lado, *monsieur*...

La dama continuó hablando durante más de una hora. Por lo bajo, el viejito le susurró al pequeño Pancho:

—Recuerda, hijo: no vayas a ser como algunos cotorros parlanchines que, entre menos piensan, ¡más hablan!

El anciano y Gabilondo compartieron una sonrisa y poco a poco se perdieron de nuevo en el libro de Galileo. El padre y la niña de aquella familia se habían quedado dormidos, arrullados por la perorata de la mujer.

Un rato después, cuando el tren estaba cerca de Río Frío, la puerta del vagón fue abierta por el mismo oficial bigotón que había anunciado la partida al inicio de su viaje en Buenavista. La elegante mujer por fin guardó silencio, lo que pareció despertar de súbito a su marido.

—Sus boletos, por favor —pidió el encargado con voz grave y monótona.

—Los boletos, *mon chéri* —solicitó la encopetada mujer a su esposo.

Gabilondo sudaba frío y susurró al oído del anciano:

—No tengo boleto, señor. Viajo a Orizaba para ver a mi papá. Por favor, ayúdeme.

—Boletos, por favor —repitió el oficial, ahora dirigiéndose a Pancho y al anciano. Éste sacó su cartera y le entregó su boleto. Dudó un poco y miró a Pancho por unos instantes. Luego volteó hacia el encargado:

—¿Sabe usted, oficial? Mi nieto perdió su boleto, pero con gusto le pago otro, si no tiene inconveniente —mintió el hombre.

—¡Ah, qué chamaco! —refunfuñó el encargado—. Claro, está bien.

Pancho observó conmovido cómo aquel hombre pagaba su pasaje, guiñándole el ojo. Cuando el oficial salió del camarote, su padrino de viaje exclamó:

—Yo también me bajo en Orizaba, así que estás de suerte, niño. Llegando allá te llevaré en mi auto a tu casa, ¿de acuerdo? Sirve que hablamos más de Galileo, sin tantas golondrinas en el alambre. ¿Quieres comer algo? Mira, aquí traigo una torta de pavo con mole que está de rechupete, me la hizo mi mujer. También me empacó leche fresca y pan de nata. Anda, come lo que gustes.

—¡Gracias, señor! Pero, ¿y usted?

—Yo casi nunca ceno y mi esposa siempre me empaca de más. Vamos, ¡a mover el bigote, güerito, aunque no tengas todavía!

Pancho comenzó a comer con avidez.

—¡Poco a poco, muchacho! —rogó el caballero—. No te me vayas a empachar antes de que lleguemos a Orizaba, porque entonces qué cuentas le daré a tu papá, ¿eh?

Aquella torta de pavo con mole a Pancho le supo a gloria. Ahora era la niña de la cocada, sentada frente a él, quien lo miraba con ojos hambrientos.

Pancho partió la torta y le dijo:

—¿Quieres?

Los tesoros de la abuela

El anciano del tren entregó al pequeño Gabilondo en la puerta de su casa, donde don Tiburcio lo recibió sorprendido.

—Hasta pronto, Panchito —se despidió el hombre—. ¡Espero que consigas ese telescopio!

—Muchas gracias, señor. Nunca olvidaré lo que hizo por mí —respondió el niño.

El caballero subió a su auto y se marchó en un flamante Ford T, conocido en México como Fortinga, en el que un elegante chofer los había recogido en la estación. Aún a la distancia el gentil compañero de viaje seguía despidiéndose de Pancho, agitando su sombrero desde la ventana.

Esa noche papá Tiburcio habló largamente con su hijo. Aunque lo reprendió por haberse arriesgado de esa manera, comprendió las razones que lo empujaron a ello y envió un telegrama a mamá Emilia, comunicándole que Pancho había llegado sano y salvo a Orizaba.

—No quiero regresar a México, papá. Quiero vivir contigo.

—Pancho, las cosas no andan bien —continuó don Tiburcio—. Debo hacer varios viajes de negocios a Córdoba, Xalapa y Veracruz. Vivirás en la casa y el servicio estará pendiente de lo que necesites, pero me gustaría que por las tardes visites a tu abuela Emilia. Ella revisará tus tareas, te dará de cenar y no dudo que disfrutarán de muchas cosas juntos. ¿Te parece?

—Está bien, padre —aceptó el niño.

En contraste con su hija, la abuela doña Emilia Fernández, madre de la mamá de Pancho, era de carácter dulce, alegre y amoroso, y vivía a unos cuantos pasos de la casa de los Gabilondo. Mantenía su cabellera blanca siempre recogida sobre la nuca en un alegre chonguito, el cual protegía con una red igualmente blanca que parecía una fina telaraña cristalina tejida por un hada. Su cabello le recordaba a Pancho a los merengues encopetados que vendían en la plaza o a la espuma que coronaba la cresta de las olas en las playas de Veracruz.

Los altos y tapizados muros del hogar de la abuelita estaban cubiertos de retratos antiguos y paisajes pintados al óleo. Ella tejía delicadas carpetitas sobre las cuales colocaba cajitas de música, jarrones con flores de seda y pajaritos de cristal.

—Bienvenido a tu casa, chavalillo mío —exclamó doña Emilia con su fuerte acento español, sumiendo su boquita desdentada, en aquella primera tarde que Pancho la visitó después de su regreso de la Ciudad de México—. Te habré de preparar una taza de chocolate bien caliente y espumoso. Antes que todo, ¡salud y buen apetito! Venga, que la mesa aguarda.

—¡Qué rico, abuela, muchas gracias! —exclamó Gabilondo.

Mientras cenaban churros con chocolate, la abuela Emilia le contó a Pancho cómo muchos años atrás conoció a su esposo, el coronel Soler.

—Era muy guapo y valiente, hijo. Llegó a México bajo las órdenes del general Juan Prim.

—¡Claro! Cuando España envió soldados a México a cobrar una deuda al presidente Juárez. Lo sé, nos lo enseñaron en la escuela.

—Así fue. Y para él, venir hasta acá fue viajar hasta donde Cristo perdió la chancla. Durante un tiempo Prim y sus tropas acamparon aquí en Orizaba —contó doña Emilia—. ¡Ah! Fue entonces que tu abuelo se enamoró de México.

—Y de usted, abuelita —continuó Pancho.

—Pues sí —aceptó la abuela entre risas—. Luego se dio de baja del ejército español y se unió al mexicano. Unos cuantos años después, cuando los franceses invadieron este país, luchó contra ellos al lado del presidente Juárez, y llegó a ser coronel. Yo había llegado a México desde jovencilla con mis padres. Así pues, hijo mío, tu abuelo y yo nacimos en España, pero Dios dispuso que en México nos conociéramos y se unieran nuestras almas.

De pronto, la abuela Emilia se levantó de su asiento y, extendiendo su mano hacia Pancho, exclamó:

—Si ya terminaste de merendar, levántate y ven conmigo, solete mío. Tengo algo que mostrarte.

¿Sabías que...

el hecho de que nuestro cabello se vuelva plateado o blanco forma parte del proceso natural de envejecimiento? Así es como ocurre: cada cabello se divide en dos partes, el **tallo** es la sección de color que sale de la cabeza, y la **raíz**, es la parte que lo sujeta al cuero cabelludo. La raíz de cada hebra de cabello está rodeada por el **folículo piloso** (suena como el nombre de algún duende travieso, ¿no es cierto?), que es un tubito que almacena una sustancia llamada

melanina y que otorga al tallo su color. Conforme envejecemos, dejamos de producir esta sustancia y el cabello pasa a ser de tonos plateados o blancos.

Algunas personas aseguran que sufrir una fea experiencia emocional puede causar que el cabello encanezca de repente, pero muchos científicos niegan que esto sea verdad. De cualquier manera, por si las moscas, intenta no hacer enojar a tus papás, **¡no sea que te culpen de sus canas!**

La abuela tomó a Panchito de la mano y lo condujo a su recámara. Era una noche fría en Orizaba y habían encendido la chimenea, por lo que Misifuz, el gato de doña Emilia, estaba acurrucado junto al fuego. Era un negro y esbelto felino de grandes ojos verdes y patitas blancas.

—¡Ya te descubrí, querido travieso! Con razón no me habías buscado, retozón —bromeó la abuela—. Aquí junto al fuego sí que se está a gusto, ¡lisonjero! Y además, como ya comiste, ya no vienes a hacerme la barba, ¿verdad?

Misifuz replicó con un sonoro maullido y de un salto se subió ronroneando al hombro de la abuela. Ella le dio un beso sobre su naricita rosada y abrió un enorme ropero de fino roble, de donde extrajo una caja cubierta de terciopelo rojo que puso en manos de su nieto.

—Ábrela, hijo, anda. Es para ti.

El pequeño se quedó boquiabierto. Dentro de la caja descansaba una medalla en forma de estrella, en cuya circunferencia se podía leer: *Distintivo de constancia y valor* y, al centro de la misma, en letras de oro: *Salvó la Independencia y las Instituciones Republicanas*. La medalla estaba coronada por un águila posada sobre un nopal, devorando a una serpiente.

—El mismísimo presidente Juárez se la entregó a tu abuelo, el coronel —presumió doña Emilia—. Ahora debes guardarla para que cada vez que pienses en él, te sientas muy, pero muy orgulloso.

—Gracias, abuelita. Será mi tesoro —prometió Gabilondo y abrazó a su abuela. Era tan rico estar en sus brazos, pues olía siempre a perfume de violetas y las telas de sus ropas producían un suave susurro al moverse, como si la misma tela estuviese cantando.

Esa tarde la abuela sacó más chucherías de su ropero. Le enseñó a su nieto la espada que su abuelo lucía en el retrato sobre la chimenea: la hoja era de reluciente acero, la empuñadura, de plata, y sobre su fina funda, grabado en letras de oro, se podía leer: *No me saques sin razón, ni me guardes sin honor*.

Luego Pancho encontró un retrato donde se veía a su abuelita de niña: posaba debajo de una enorme sombrilla de encaje, sentada en una carretela sin capote al lado de un caballero con sombrero de copa.

—Se ve muy contenta en esa fotografía, abuelita. El señor que está retratado con usted, ¿quién es?

—¡Mi padre, hijo! Le gustaba llevarme a pasear entre los palmerales de la antigua calle del Marqués de Larios, allá en Málaga. Aquí me ves con Nevado, mi pony blanco. Ay, cuánto quise a ese caballito, ¡sí que era majo! —suspiró doña Emilia.

—Debe haber sido usted muy consentida, abuelita —alegó Pancho.

—Mucho, hijo, mucho, para qué más que la verdad. Cuando cumplí siete años mi padre me regaló un piano, porque toda señorita de ese tiempo debía saber bordar, bailar y tocar música, y a mí me encantó aprender todo aquello.

—Toque algo, abuelita, por favor.

—Bueno, ya no soy la misma de antes, te lo advierto, pero le haremos la lucha —suspiró la abuela.

De la mano de Pancho, doña Emilia salió de su habitación y se dirigió al piano de la sala, que lucía dos portavelas plegables de bronce. Las teclas eran de marfil labrado y la madera, de palo santo. De cierto baúl, doña Emilia sacó unas hojas con extraños símbolos impresos en ellas: parecían nopalitos alegres danzando sobre el papel.

—¿Qué es eso, abuelita? —preguntó Pancho.

—Se llama "partitura". Cada uno de estos símbolos representa una nota, y dependiendo de su forma sabe uno cuánto debe durar el compás. Lo escrito en esta línea representa lo que tocaré con la mano derecha y lo de acá abajo me indica lo que tocaré con la izquierda —respondió la abuela, señalando cada parte en la partitura con el dedo.

—¿Al mismo tiempo? —preguntó Pancho, asombrado.

—¡Claro! Y al mismo tiempo también te cantaré la melodía, así que estaré haciendo tres cosas a la vez. O hasta cuatro porque, si observas bien, allá abajo el piano tiene unos pedales que manejo con mis pies, con los cuales puedo atenuar o extender el sonido que produce el instrumento.

—¡Qué fabuloso! —exclamó el niño.

—¿Verdad? Hacer música es muy útil porque nos ayuda a coordinar distintas acciones. Ya de vieja me cuesta hacerle justicia, pero tocar el piano me hace recordar el cariño de tu abuelo y ayuda a mantenerme despierta y, sobre todo, alegre, ¡feliz, como una lombriz! Hala, que se acabó el discurso, chaval, ¡vamos a hacer música! Siéntate y escucha.

Acompañándose al piano, la abuelita Emilia cantó entonces una pieza famosa del compositor mexicano Manuel M. Ponce, *Estrellita*.

Estrellita del lejano cielo,
que miras mi dolor,
que sabes mi sufrir,
baja y dime si me quiere un poco
porque yo no puedo sin su amor vivir.

—¡Qué bonito! —comentó Pancho—. Yo tampoco quiero "sin tu amor vivir".

—Siempre estaré contigo, ángel mío —le aseguró la abuela—, aun cuando esté en el cielo, viviré en tus recuerdos.

—Quiero ser compositor como ese maestro Ponce y escribir canciones especialmente para usted, abuela —aseguró Pancho—. ¿Me enseña a tocar el piano?

—¡Claro, mi niño! —respondió la abuela.

—Bueno, ¡pues comencemos! —gritó Gabilondo dando de saltos—. ¡Ya quiero aprender!

—¡Santa María de la Victoria! No, chavalillo: mañana. Ya ha sido bastante por hoy. Además, si en verdad quieres tomar esto de la música en serio, habremos de buscarte un maestro en forma. No es lo mismo tocar el piano que saberlo enseñar, y yo ya me canso mucho.

Misifuz maullaba impaciente, como recordándoles que ya era hora de dormir.

—Anda, hijo, regresa a tu casa, que ya deben estar esperándote —ordenó doña Emilia.

—Gracias, abuela. Soy muy feliz aquí. La quiero mucho, ¡hasta las estrellas de Galileo! —respondió Pancho, alzándose para despedirse de la dama con un beso suave y sincero.

De regreso en su casa, ya en su habitación, el pequeño Pancho no podía dormir. Estaba decidido y hechizado, ¡quería ser músico!

Afuera, su inseparable amigo el grillito parecía decirle con su canto: "Lo serás, Gabilondo. Lo serás".

La fuente y el hombre-lagartija

Pasaron algunos meses, durante los cuales Pancho regresó a la escuela en Orizaba y ahora se iba de pinta con menos frecuencia. Su abuelita guio sus primeros pasos en la música y una vez por semana, después de hacer su tarea, el niño tomaba clases de piano con don Cástulo, un maestro amable pero solemne que revisaba su tarea de solfeo llevando hasta su ojo izquierdo un lente circular llamado monóculo, que el maestro sujetaba a su ropa con una cadenita para evitar perderlo. A Pancho le enfadaban un poco los repetitivos ejercicios pianísticos diseñados para obtener agilidad en los dedos, pero obedecía al maestro sin chistar.

Para Gabilondo, el aprendizaje era más divertido cuando observaba a la abuela canturreando sus canciones favoritas deslizando sus finas y arrugadas manos sobre el teclado, al tiempo que Misifuz se le enredaba en el cuello, como si fuera el remate de algún fino abrigo de piel.

De cualquier manera, con la influencia de ambos, maestro y abuela, muy pronto el pequeño Gabilondo se sentía como pez en el agua frente al piano.

Una tarde soleada de domingo, Pancho se encontraba leyendo en el jardín de la abuela junto a una pequeña fuente, alrededor de la cual doña Emilia había colocado multitud de macetas con pequeñas rosas amarillas y jazmines. También cerca de ahí crecía una abundante hortaliza donde la abuela cosechaba, entre muchas frutas y verduras, suculentos chayotes, los cuales crecen felices en el fresco clima de Orizaba.

La fuente en el jardín de la abuela era ya muy antigua y funcionaba erráticamente. Aunado a esto, en Orizaba el agua desciende con fuerza irregular, de acuerdo con el deshielo que proviene del Citlaltépetl o Pico de Orizaba, el volcán más alto de México. Fue entonces que esa tarde, de manera súbita, el chorro de la fuente comenzó a brotar con gran intensidad, anegó una amplia sección de pasto y empapó la camisa de Pancho, quien al mismo tiempo observó que muchas hormigas se esforzaban por salir del torrente. Le impresionó que, a pesar de estar a punto de ahogarse, los pequeños insectos no soltaban sus hojitas y al niño se le figuró que les servían de paraguas, o hasta salvavidas, para escudarse de aquel chorrito caprichoso. Cerca de Pancho, su amigo el grillo cantaba tímidamente entre las matas, como diciendo: "¡Me salvé de la empapada!".

En eso, Gabilondo escuchó una voz familiar.

—¡Despierta, güero!

—Mira quién ha venido a visitarte, chavalillo de mi alma —anunció la abuela.

—¡Chuchín, tengo tanto que contarte! —exclamó Pancho, desperezándose y abrazando a su gran amigo, a quien no había logrado ver desde su retorno de la ciudad, ya que su cómplice de travesuras había estado de viaje con su familia por la ciudad de Córdoba, donde los padres de Chucho poseían extensos cafetales.

—Lo harás, güerejo, pero hoy te llevo al cine —afirmó Chucho, bebiendo un gran trago de agua directamente de la manguera del jardín—. ¡Hoy hay dos por uno! Pasan una de vaqueros en el Gorostiza. Con el mismo boleto también puedes ver un corto de chiste que filmaron aquí en Orizaba; dicen que hasta te duele la panza de la risa.

—¿Filmado aquí? —cuestionó Gabilondo—. ¿Y cómo se llama?

—*El san lunes del velador*. Sale gente del pueblo en la película; hasta don Lupe, el del teatro, anda en la bola, ¿tú crees? ¿Vamos?

—Vamos, Chuchín —aceptó Pancho entusiasmado.

—Pero antes comeréis algo, chavales —sentenció la abuela.

—¡Con gusto, doña! —dijo Chucho—. ¿A quién le dan pan que llore?

Los niños se sentaron a la mesa y disfrutaron de berenjenas con miel de caña, un famoso platillo malagueño favorito de la abuela. Le siguieron molletes de lomo en manteca "colorá" y, de postre, el bienmesabes y tortitas locas de hojaldre con glaseado de yema, hechas por doña Emilia.

—¡Ah, no cabe duda que "a panza llena, corazón contento"! —exclamó Chucho, limpiando su plato—. Pa' la otra le variamos y les invito un chileatole en mi casa. Ora sí, Gabilondo: vámonos al cine.

¿Sabías que...

el cine proyecta secuencias de imágenes para crear la ilusión de movimiento? Una de las primeras proyecciones se desarrolló a partir de cierta discusión entre poderosos caballeros, aficionados a los caballos. Algunos sostenían que, durante el galope, existe un instante en el cual el corcel no apoya ningún casco sobre la tierra; otros proclamaban lo contrario. Para poner fin a esta discusión, los hombres mandaron tomar una serie de fotografías donde se apreciaba cada etapa del caballo en movimiento. Con ello les fue posible constatar que, en efecto, hay un momento durante el trote en el cual el caballo se eleva totalmente, ¡como si estuviese volando!

Los hermanos franceses de apellido Lumière crearon el cinematógrafo. En 1895 en París mostraron su primera cinta exhibida comercialmente, ¡que duraba tan sólo 46 segundos y mostraba a ciertos trabajadores saliendo de una fábrica! También proyectaron la llegada de un tren, y se dice que algunos espectadores huyeron despavoridos al creer que serían arrollados por el ferrocarril de la cinta.

Desde los tiempos antiguos, civilizaciones como la egipcia se divertían creando la ilusión de movimiento con el uso de dibujos sucesivos. Si deseas fabricar tu propia animación puedes hacerlo con un cuaderno de páginas en blanco y lápices, y en cada hoja dibuja a un animal u objeto en distintas etapas de su acción: una planta que germina o un rostro que va de la tristeza a la felicidad, por ejemplo. Al correr las páginas rápidamente, se creará la ilusión de movimiento y tendrás tu propio folioscopio.

Los amigos llegaron al famoso Cine Gorostiza. Al no tener suficientes monedas para ver la película en la sección de butacas preferentes una mujer de considerables dimensiones dirigió a los jóvenes al llamado "gallinero", la sección más barata del teatro y la de menor visibilidad, ubicada en el tercer piso del cine.

No habían terminado de acomodarse cuando Chucho le susurró a su amigo:

—Abusado, Gabilondo: cuando se ponga oscuro, nos bajamos para ver mejor.

—Pero ¿cómo? ¿Por dónde? —preguntó Pancho.

—Tú hazme caso y sígueme. ¡Ya verás qué suave! Te sentirás bombero— insistió Chucho con su acostumbrada sonrisa traviesa.

Llegó un momento en el que la pantalla mostraba una escena nocturna en medio del desierto, en la que el cine se quedó casi en penumbra. Aprovechando el momento, sigilosamente Chucho guio a su amigo al barandal que bordeaba la primera fila de asientos del "gallinero". Saltaron la herrería con cuidado y, abrazados de una de las ornamentadas columnas de madera que sostenían los pisos superiores, se escurrieron divertidos hacia abajo y se sentaron en las primeras butacas que encontraron.

En esa época, a principios del siglo XX, las películas eran todas mudas, por lo que los actores debían exagerar sus gestos para que al público no le quedara duda sobre lo que ocurría en la escena. En ocasiones las cintas eran proyectadas a la par de un acompañamiento musical en vivo, generalmente con el piano.

Aquella tarde Gabilondo observó desde su butaca que un señor muy delgado improvisaba con gran habilidad música en el piano, para que los momentos de suspenso fueran más intensos o para que las escenas románticas resultaran más conmovedoras. Atraído por la interpretación, Gabilondo se puso de pie.

—Quihubo, ¿a dónde vas, Pancho? —le preguntó Chucho en voz baja.

—Quiero ver de cerca cómo toca ese señor, ¡es fantástico! —respondió Pancho.

—¿El hombre-lagartija? Ah, sí, toca bien —admitió Chucho.

—Ya vengo —susurró Gabilondo alejándose.

Panchito se acercó a gatas al piano y se sentó en el piso junto a él. Le maravillaba observar la forma en que el llamado hombre-lagartija deslizaba sus dedos sobre el teclado, porque con su arte evocaba la delicada danza de una cajita de música, el sonar de las campanas o el pesado caminar de un oso.

Cuando concluyó la primera película, en medio del bullicio del intermedio antes de que comenzara la segunda función, el pianista se entretuvo entonando melodías que hablaban sobre amores perdidos. No parecía importarle que pocos le prestaran atención, él cerraba los ojos y cantaba para sí:

Tú no sabes, Marucha querida,
la tristeza que pasa por mí,
ni comprendes, amor de mi vida,
que si vivo, es tan sólo por ti.

De repente, el maestro abrió los ojos y descubrió al pequeño Gabilondo sentado en el piso, boquiabierto.

—Hola, güero —lo saludó el hombre-lagartija con voz airosa. Cuando el pianista giró su cuerpo hacia él, Gabilondo se impresionó al descubrir que una horrible cicatriz marcaba su rostro —. ¿Te gusta la música?

—Sí, señor. Mucho —respondió Pancho sin timidez—. En casa de mi abuela hay un piano y me están enseñando a tocarlo. Quiero escribir melodías como esa que acaba de cantar. Es triste, pero muy hermosa.

—¡Qué bien, chamaco! —celebró el maestro, dándole una palmada en el hombro—. Pasarás horas de sudor, frustración y enojo frente a este instrumento, pero también te dará muchas alegrías. Si perseveras, será tu amigo para toda la vida. Y quién sabe, tal vez algún día puedas ganar algo de plata tocando y componiendo. Aquí no dan mucho, pero hay que pagar la renta ¿sabes? Además, me divierte improvisar para las películas.

—¡Se nota, señor! Lo hace usted muy bien —aseguró Pancho.

Todo ese tiempo, desde la butaca y con los ojos muy abiertos, Chucho observaba la animada plática entre su amigo y el hombre-lagartija mientras engullía un pedazo de chocolate semiderretido, recién sacado de su bolsillo.

—¿Cómo te llamas? —preguntó el pianista.

—Francisco Gabilondo Soler. ¿Y usted?

—Ángel Agustín María Carlos Fausto Mariano Alfonso del Sagrado Corazón de Jesús Lara y Aguirre del Pino.

Después de recitar aquel nombre ridículamente largo, Gabilondo y el maestro soltaron una carcajada.

—Pero no te asustes, la mayoría me conoce solamente como Agustín, Agustín Lara. Como tú me caes bien, puedes decirme Flaco. Sí, seré tu amigo El Flaco, ¿qué te parece, mi hermano? —dijo el maestro, todavía riendo.

—Me parece, señor Flaco —bromeó el niño—. Usted dígame Pancho.

—Trato hecho, Pancho. Bien, pues ya comienza la siguiente película. Te va a gustar. ¡A ganarse el pan, hermano de mi alma!

Gabilondo estrechó la mano delicada de aquel caballero de trato amable y regresó al lado de Chucho. Intuía que esa noche había conocido a un verdadero artista.

Estaban por ver *El san lunes del velador* cuando la proyección quedó bloqueada por la enormidad del cuerpo de la mujer de la taquilla, quien se paraba frente a ellos con las manos en la cintura y con cara de pocos amigos.

—Así los quería agarrar, gorrones. ¡A ver sus boletos! —exigió entre dientes.

—¡Pélate, Gabilondo! ¡Patitas, pa'qué las quiero! —gritó Chucho y ambos niños salieron corriendo del cine, con la mujer tras ellos.

Pancho alcanzó a ver cómo desde el piano, su nuevo amigo, aquel flaco singular, le regalaba una sonrisa.

El piano mágico

Una tarde, Pancho regresaba del colegio cuando observó que varios hombres fornidos salían del hogar de doña Emilia, cargando con gran esfuerzo el bello piano de su abuelita.

—¿Qué hacen? ¿Qué ocurre? ¡Dejen eso! —exigió el niño.

En ese instante salió la dama y, al ver a su nieto, exclamó:

—Hijo, estamos necesitados y, muy a mi pesar, el piano tiene que venderse. Yo tenía esperanza de que pasaran por él antes de que regresaras para que no lo vieras irse, porque sé lo mucho que lo quieres, pero no hay remedio, corazón mío.

Pancho abrazó a su abuela y con gran tristeza se despidieron de aquel querido instrumento en el que había descubierto la magia de la música. La noticia era desastrosa. ¡Cómo hubiese querido tener dinero para salvarlo! ¿Dónde estudiaría ahora?

A los pocos días Gabilondo compartió la triste noticia con Chucho Castillo.

—No te achicopales, hermano, dicen que en los baños Mancera tienen un piano mágico. Ahí podrías aprender —lo consoló su amigo.

—¿Un piano mágico? —preguntó Gabilondo con extrañeza.

—Sí —aseguró Chucho—. El hijo del dueño es mi amigo, el Pelusa Mancera.

—Oye, ¡quién no es tu amigo en Orizaba, mi Chucho! —exclamó Pancho.

—Ese Pelu me debe varias canicas que le gané con el trompo. De seguro convence a su papá para que nos deje entrar. ¿Vamos a verlo?

—Vamos, ¡pues ya qué! —aceptó Pancho, resignado.

Por la tarde los niños fueron recibidos por el tal Pelusa y su padre, don Marcial Mancera, dueño de los baños públicos que llevaban su nombre. Era ya casi la hora del cierre y varios caballeros salían de los vapores con las panzas brillantes por el sudor.

—Así que vienen a conocer el piano mágico —exclamó don Marcial—. Pasen, chamacos.

El hombre los guio por interminables pasillos de verde mosaico y ahí, en una esquina, estaba abandonado el famoso objeto. Los pequeños se sentaron frente a él mientras don Marcial movía su mano sobre el instrumento, como si fuera a conjurar algún hechizo. De súbito, el hombre desapareció detrás del piano y éste comenzó a tocar por sí solo un hermoso vals antiguo.

Pancho se levantó de su lugar y miró asombrado las teclas que subían y bajaban solas, como por arte de magia. Cuando el instrumento concluyó su melodía, don Marcial soltó una carcajada y mostró a Gabilondo varios cilindros de metal.

—La verdad hay poca magia en esto, chamacos, y mucha ciencia. Miren: con la ayuda de estos cilindros con picos y estas tiras de papel con perforaciones se programan distintas melodías dentro del aparato que suenan al ser impulsadas por un fuelle.

—¡Claro, es como si fuera una enorme caja de música, como las que tiene mi abuela! —exclamó Gabilondo.

—Exacto: se le llama pianola o piano mecánico. Nos contó Chucho que vendieron el piano de doña Emilia y que ya no tienes en qué estudiar. Aquí eres bienvenido cuando gustes, Gabilondo, únicamente llega después de que los clientes se hayan ido, porque a muchos les molesta la música y a otros hasta les espanta ver la pianola tocando solita. La podemos programar para que suene por sí sola y aprendas al verla tocar, o bien, es posible habilitar el aparato para que lo toques directamente.

—Gracias, señor Mancera —agradeció Pancho—. Vendré a esa hora a practicar.

Chucho le guiñó un ojo a su amigo Francisco mientras el Pelusa Mancera le susurraba al oído:

—Me descuentas las canicas que te debo, Chucho.

—Ya quedamos a mano, mi Pelu. ¡A mano! —afirmó el pícaro Chuchín.

El joven Gabilondo aprendió mucho de observar a la pianola tocando difíciles acordes y complejas melodías. Por las noches, los vecinos de los baños Mancera escuchaban la música mientras merendaban y se decían:

—Ya empezó Panchito.

Al salir de los baños rumbo a su casa, siempre le esperaba el canto de su amigo el grillo, que desde las matas parecía susurrarle: "Vas bien, Gabilondo. Vas bien".

De grillo a Pancho y de Pancho a grillo

Pasó el tiempo y la dulce abuelita Emilia murió rodeada de sus tesoros. Su cariño quedó grabado para siempre en la memoria de Gabilondo, quien se convirtió en un atractivo joven de gran estatura que cultivaba la música, la natación, la lectura, la navegación, la astronomía ¡y hasta el boxeo!

—Tú que eres tan "carita", ¿cómo te metes a dar puñetazos, Pancho? —bromeaba Chucho al verlo sudar dentro del ring. Su amistad con él perduró por largo tiempo, e incluso Chucho Castillo llegó a ser baterista de un grupo musical creado por Francisco Gabilondo Soler.

Pancho también se hizo a la mar. Se cuenta que él y sus amigos se encerraron en una enorme habitación durante días para construir un velero, que bautizaron como *El Sandokán*. Se entregaron con tal entusiasmo a la tarea que sólo al concluirla se dieron cuenta de que la flamante embarcación ¡no cabía por la puerta! Se vieron entonces obligados a derribar un muro para poder llevarla hasta el mar.

Casi a los veinte años Pancho se enamoró de cierta chica veracruzana llamada Rosario Patiño, una joven guapa y emprendedora como él. En 1927 contrajeron nupcias y dejaron Orizaba para probar suerte en la Ciudad de México.

A Pancho le quedó claro entonces que los músicos de aquella época aspiraban a ser programados en las transmisiones de radio de importantes difusoras como la XEW, fundada por el empresario Emilio Azcárraga Vidaurreta. Pancho logró obtener cierta notoriedad con un pequeño espacio en otra radiodifusora similar, al cual llamó *El guasón del teclado*, un programa musical de humor y crítica social que él mismo escribía y presentaba acompañándose al piano.

¿Sabías que...

la radio tuvo sus orígenes hace más de cien años? Se remonta a finales del siglo XIX, cuando inventores y científicos lograron detectar y reproducir ondas electromagnéticas. En 1895 el inventor italiano Guillermo Marconi dio a luz al primer sistema de radio y en 1901 logró transmitir con éxito su señal a través del océano Atlántico.

En 1921 la radiodifusión llegó a México. Por aquel tiempo nacieron estaciones que más tarde serían importantes, como la XEB, hoy **La B grande de México**. En 1930 se inauguró la XEW, que destacó porque transmitía con cinco mil watts de potencia. Esto hizo posible que la señal fuera escuchada en todo el país y hasta en Centro y Sudamérica. Por ello la estación fue bautizada como **La voz de la América Latina**, desde México. La XEW se distinguió por incluir en su programación a los más destacados compositores e intérpretes de su tiempo.

Cuando inventaron la televisión se pensó que tal vez la radio desaparecería, pero no ha sido así. El 13 de febrero se celebra el **Día Mundial de la Radio**, un medio ideal para mantenernos informados y divertidos y que no necesita más que de música y palabras para detonar la imaginación, ¿no crees?

Gabilondo aspiraba a que se le permitiera crear música como aquella que escuchó por primera vez en los labios del hombre-lagartija, don Agustín Lara, quien, para cuando Pancho y Rosario llegaron a México, era ya un compositor muy famoso y tenía su propio programa en la XEW, llamado *La hora azul*.

—Lo que tienes que hacer, Pancho, es abordar al dueño de la estación XEW, ¡esa es la buena!, y pedirle cara a cara un espacio ahí —le aconsejó un día su amigo Chucho.

—Así lo haré, Chuchín, te lo aseguro. Estoy decidido —prometió Pancho, y día tras día tras día buscaba la oportunidad de abordar al gran jefe, el señor Azcárraga.

Una noche la suerte estuvo de su lado: mientras nuestro apuesto compositor tomaba café en el restaurante de la W, don Emilio salía de la estación rodeado de una corte de asistentes. Gabilondo casi se atragantó con el café y la dona que saboreaba en ese momento. Con gran aplomo se presentó ante el magnate solicitando un espacio en sus transmisiones, uno donde pudiera escribir boleros, tangos, danzones... todo aquello con lo que pudiera demostrar más su talento.

—¿Gabilondo Soler? —exclamó don Emilio—. ¡Ah, sí! Usted es el que escribe y canta chistes al piano, ¿verdad? Mire, Francisco, le soy honesto: tenemos ya bajo contrato a muchos compositores que escriben el tipo de música que usted quiere probar: Lara, Curiel, Grever, Esperón, Velázquez, "Tata" Nacho... ¿cree que pueda igualarles?

Gabilondo se quedó mudo ante la imponente lista de notables músicos con los que debía competir. Después de una pausa, Azcárraga volteó la cabeza hacia su equipo de producción y preguntó:

—A ver, ¿qué otro espacio tendríamos para Gabilondo? —preguntó don Emilio a Othón Vélez, su mano derecha.

—Lo único disponible es una sección de quince minutos, de lunes a viernes a la una de la tarde, señor. Esto, claro, sin patrocinadores —advirtió Vélez.

—Ándele —dijo don Emilio—, pruébese a esa hora. Por cierto, me han dicho que cuando transmiten su programa, ese de *El guasón del teclado*, los niños se sientan a escucharlo, ¡y no es para niños! ¿Por qué no se sigue usted por ahí? Haga música para chamacos, Gabilondo, ¿le parece? No tenemos nada para ellos en la W. Hágame caso: póngale letra infantil a La marcha de Zacatecas y con eso se arranca. ¿Estamos?

Con esta orden, don Emilio se dispuso a retirarse, pero Pancho lo paró en seco:

—¡No, señor!

La comitiva guardó silencio. ¡Era inaudito! ¡Nadie se negaba a seguir una orden del dueño de la célebre XEW!

—¿No? —preguntó don Emilio extrañado, regresando lentamente hacia el joven compositor—. ¿No acepta usted, Gabilondo?

—¡Claro que acepto, señor! Pero permítame escribir mis propias canciones infantiles. Letra y música.

—¡Hecho! —accedió Azcárraga—, pero póngase buzo, porque está usted a prueba.

—No lo defraudaré, señor —concluyó Pancho con una sonrisa nerviosa.

Don Emilio se alejó y, con él, la comitiva de asistentes, salvo Othón Vélez, quien se separó de la comitiva y susurró al oído del orizabeño:

—Gabilondo, venga a verme a mi oficina mañana a primera hora y afinamos los detalles del programa. Podría tener futuro.

—Ahí estaré, señor Vélez, Muchas gracias —agradeció Pancho.

Vélez estrechó su mano y se unió de nuevo a la comitiva que despedía al jefe junto a su lujoso automóvil, estacionado sobre la calle de Ayuntamiento.

Repentinamente, el joven compositor se quedó solo en la banqueta. El brillante letrero de la XEW se apagó en la marquesina sobre su cabeza.

Sacó un pañuelo de su bolsillo y se secó el sudor. En eso, unos niños pobremente vestidos pasaron junto a él cantando:

A la víbora,
víbora de la mar, de la mar,
por aquí pueden pasar.
Los de adelante corren mucho,
y los de atrás se quedarán,
tras, tras, tras.

La suerte había colocado a Francisco Gabilondo Soler en ese momento de la historia. Escribiría para niños con entrega y corazón. No les podía fallar. El nativo de Orizaba puso manos a la obra. Resultaba necesario encontrar a un personaje que, desde la radio, les hablara a los niños, y Gabilondo recordó entonces a aquel grillito que lo acompañó durante sus aventuras de la infancia. ¡Claro, él sería el autor de sus nuevos cuentos y canciones! Sería un grillito músico, sabio, alegre y cascabelero. Una hoja sería su violín y una ramita seca le serviría de arco.

Pero ¿cómo se llamaría? Le vinieron a la mente aquellas clases de francés que tomaba al lado de su hermanita Eva y recordó que, en ese idioma, “grillo” se dice *grillon* o *cri-cri*. Eligió lo último, pues le pareció que la palabra imitaba con gracia el sonido del insecto. Fue así que nació su otro yo, alguien que habría de acompañarlo toda su vida: un diminuto compositor llamado Cri-Cri, el Grillito Cantor.

Con gran entusiasmo e ilusión, Pancho comenzó a escribir sus primeras canciones acudiendo a sus recuerdos: a lo vivido en casa de su abuela Emilia y a los muchos sueños forjados a través de aquellos fantásticos libros de aventuras que le regaló papá Tiburcio. Fue así que el 15 de octubre de 1934, a la 1:15 de la tarde, se escuchó por vez primera en la señal de la XEW el programa de *Cri-Cri, el Grillito Cantor*, con las canciones de **“El Chorrito”**, **“Batallón de plomo”**, **“Bombón I”** y **“El ropero”**, esta última dedicada a la memoria de su abuela Emilia, para quien también escribiría, más adelante, **“Di porqué”**.

En su espacio, Pancho contaba historias que involucraban a los pequeños radioescuchas en algún tema interesante y divertido, para seguir después con una canción escrita como un pequeño cuento. Su propuesta fue todo un éxito. Francisco Gabilondo Soler y Cri-Cri llegaron a ser uno: la frontera entre el hombre y el grillo se había borrado.

Y colorín colorado,
—así reza el estribillo—
termina el cuento de Pancho,
y de su amigo, el buen grillo.

¿Sabías que...

el programa de Cri-Cri, el Grillito Cantor, se mantuvo al aire durante 27 años en la radio mexicana? Francisco Gabilondo Soler (1907-1990) escribió 226 canciones, entre las que destacan "El ratón vaquero", "Caminito de la escuela", "La patita", "Marcha de las letras", "La muñeca fea" y "Cochinitos dormilones". Otras no tan conocidas, pero igualmente inspiradas, incluyen "La sirenita", "La cocada", "La cotorra viajera", "Llueve", "Acuarela" y "Papá elefante". **¡Escucha y descubre la música de Cri-Cri, e inventa tus propias historias y personajes basándote en ellas!**

El actor y cuentacuentos Mario Iván Martínez, autor de este texto, es embajador de la obra de Cri-Cri desde 2007. Ha grabado tres discos con una selección de cuentos y música del hijo predilecto de Orizaba y montado dos espectáculos teatrales que honran el legado del Grillito Cantor: *Descubriendo a Cri-Cri* y *Que dejen toditos los sueños abiertos*. Dichos trabajos los ha propuesto bajo el apoyo y supervisión de Gabsol, la editorial que fundara don Pancho en vida para la protección de los derechos de su obra y que hoy preside su hijo menor, Tiburcio Gabilondo Gallegos.

XEW

Con profundo agradecimiento
a Tiburcio Gabilondo Gallegos

De niños, pianos y un grillito de Mario Iván Martínez
se imprimió en mayo de 2024
en los talleres de
Litográfica Ingramex, S.A. de C.V.,
Centeno 162-1, Col. Granjas Esmeralda, C.P. 09810,
Ciudad de México.